오늘 미세먼지
매우 나쁨

오늘 미세먼지 매우 나쁨

글 양혜원 | 그림 소복이

위즈덤하우스

차례

1 봄이 왔으나 봄 같지 않으니! 8
- 황사가 뭐지?
- 황사는 왜 봄에 주로 나타날까?

2 사막을 떠난 낙타 18
- 지구는 왜 점점 사막이 되어 갈까?
- 환경보호를 위한 국제 협약에는 뭐가 있을까?

3 하늘은 뿌옇고, 눈은 따갑고! 28
- 황사로 인한 피해
- 황사가 긍정적인 효과도 있다고?

4 황사를 조심해! 36
- 황사 예방법
- 황사에 좋은 음식은 뭘까?

5 으악! 미세먼지는 또 뭐야? 44
- 미세먼지는 어디서 생겨나지?
- 미세먼지가 담배보다 독하다고?
- 환경부의 수도권 대기오염 개선 대책

경고! 오늘 외출 금지　52
- 작아도 너무 작은 초미세먼지

 무시무시한 초미세먼지　62
- 초미세먼지가 일으키는 병
- 전 세계 대기 환경기준

 **초미세먼지에서 살아남기**　70
- 일상생활에서 발생하는 초미세먼지
- 초미세먼지 예방법

 안녕, 낙낙이　78
- 국경을 넘나드는 대기오염
- 대기오염과 지구온난화
- 실생활에서 온실가스 줄이는 방법

작가의 말 │ 오늘도 앞산이 안 보여요!　90

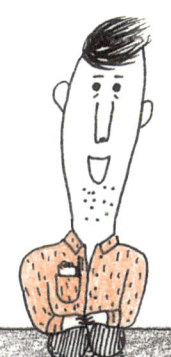

이 책에 나오는 사람들

한겨울

봄이 아빠. 시인. 자신의 이름이 한겨울이라서 봄을 무척 좋아한다. 그래서 딸 이름도 봄이라고 지었다. 집안일을 도맡아 하며 봄이를 키운다. 매사 느긋하고 여유로운 성격.

낙낙 군

오래된 나무 낙타 인형. 사막에서 백 년을 살아온 낙타로, 꽃 피고 비 내리는 세상을 찾아 떠돌다가 봄이네 집까지 온다. 사막에 대한 것이라면 모르는 게 없고, 세상을 떠돌다 얻은 잡다한 지식이 많다.

한봄

계절 이름을 가진 엄마 아빠 덕분에 딸인 '봄' 역시 계절 이름을 얻었다. 우리 가족은 '계절 가족'이라며, 가을이라고 이름 짓게 남동생을 하나 낳아 달라고 졸랐지만 뜻을 이루지 못했다. 대신 '가을'이라는 친구가 자신도 봄이네 가족이라며 봄이를 졸졸 따라다닌다. 마음이 따뜻하고 감성적이며 동물을 사랑한다.

여름 여사

봄이 엄마. 주로 중국과 몽골 지역을 거래하는 무역 회사에 다니며, 집안 경제를 책임지는 전문직 여성. 시인 남편을 자랑스러워하고, 환경 문제에 관심이 많다.

가을이

봄이 친구. 이름만 봐도 봄이랑 자신은 천생연분이라면서 크면 결혼할 거라는 순정파. 하지만 봄이는 동생 취급할 뿐이다.

1. 봄이 왔으나 봄 같지 않으니!

"아빠, 뭐 해?"

학교에서 돌아오던 봄이가 대문 앞에 서 있는 아빠를 보자 소리치며 달려왔다. 등에서 가방이 덜거덕거렸다. 대문 앞에서 서너 발자국 떨어져 고개를 갸우뚱대던 아빠가 뒤를 돌아봤다.

"아이고, 우리 공주님 오시네. 학교에서는 재미있게 놀았니?"

아빠가 봄이 어깨에서 가방을 벗기며 말했다.

"학교에서 재밌게 놀았냐고? 아빠, 공부 잘하고 왔냐고 물어야지!"

"자고로 아이들은 놀기 위해 이 세상에 왔느니, 놀아야 몸도 마음도 부쩍부쩍 자라느니, 어릴 때 실컷 놀아야만 커서도 잘 먹고 잘 사는 법이거늘."

"아빠, 무슨 말투가 그래'? 아무튼 우리 아빠는 독특하다니까. 그런데 이게 뭐야?"

봄이가 대문에 붙은 글씨를 보며 아빠처럼 고개를 갸우뚱거렸다.

그때 살랑거리던 바람이 갑자기 센 바람이 되어 봄이네 집 쪽으로 몰아쳤다.

아빠가 바람을 등지고 봄이를 막아서서는 얼른 대문을 밀고 집 안으로 들어갔다.

반들거리던 마루에도 열어 놓은 창을 통해 들어온 먼지가 뽀얗게 앉았다.

"어이쿠, 어서 들어가자."

2 사막을 떠난 낙타

　오늘은 몽골로 출장 간 엄마가 돌아오는 날이다. 봄이는 벌써 보름이나 엄마를 못 봤다. 엄마는 출장이 잦은데, 봄이는 그게 늘 불만이다. 하지만 그만큼 엄마가 중요한 일을 하는 것 같아 뿌듯하기도 하다.
　엄마는 저녁 늦게 집에 왔다. 눈 밑에 다크서클이 진했다.
　"엄마!"
　"아유, 우리 봄이. 아빠랑 잘 지냈어?"
　엄마 품에 안기자 봄이는 괜히 눈물이 났다.

　엄마가 봄이한테 선물을 주었다. 나무를 깎아 만든 조그만 낙타 인형은 손때가 묻어 반들거렸다.
　"몽골 친구의 딸이 준 선물이야."
　"와, 진짜 예쁘다!"
　봄이는 나무 인형은 처음 가져 보는 거였다. 털이 손에 잡힐 듯 정교하게 깎은 낙타 인형은 아주 멋졌다. 봄이는 윤이 나는 나뭇결을 자꾸만 손으로 쓸어내렸다. 보드라운 엄마 품 같았다.

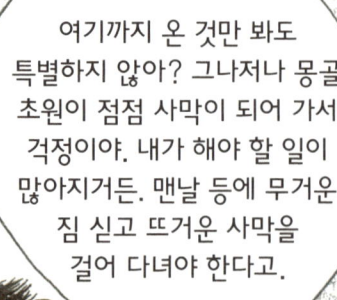

지구는 왜 점점 사막이 되어 갈까?

봄이랑 낙낙이는 생강나무 꽃이 핀 마당으로 나갔다. 부드러운 봄밤의 공기가 향긋하고 달콤했다. 낙낙이는 코를 한껏 벌리고 봄 향기를 실컷 맡았다.

"낙낙아, 그런데 몽골 초원이 왜 점점 사막이 되어 가는 거야?"

"쳇, 나도 자연적, 인위적이 무슨 뜻인 줄은 안다고."

"거기에는 자연적 요인과 인위적 요인이 있어. 다시 말해 자연적으로 사막이 되어 가기도 하고, 사람의 힘에 의해 사막이 되어 가기도 한다는 뜻이지."

"들어 봐. 자연적 요인에는 아주 심한 가뭄과 오랜 세월에 걸쳐 땅이 말라 가는 건조화 현상이 있어."

"가뭄과 건조화 현상이 나타나면 어떻게 되는데?"

"사막화가 되어 쓸모없는 땅이 늘어나고 물이 마르지. 물이 마르면 농사를 지어도 생산량이 줄어들어. 결국 거기 사는 생명체들은 점점 사라지지."

"사막에 나무를 심으면 되는데 아빠가 그것도 쉽지는 않다고 했어."

"맞아. 사막에 나무를 심는 일은 기술적으로도 어렵고 비용도 많이 들어서 짧은 기간에 할 수 없는 일이야. 아주 오랫동안 차근차근 해 나가야 한다고."

휴, 문제가 많구나.

이제 인위적 요인이 뭔지 알려 줄게.

아유, 점점 사막이 되어 가는 지구를 어쩌지?

지하자원 개발이나 공장을 짓거나, 도시를 건설한다며 지하수를 마구 쓰고 있어. 초원에서 지하수는 핏줄과 같은데 말이지. 지하수는 비가 오지 않아도 땅에 수분을 공급해 풀이 계속 살아갈 수 있게 하거든. 그런데 지하수를 마구 퍼 쓰니까 땅이 말라 버리는 거야. 또, 초원을 농경지로 만들어 지나치게 많은 농사를 짓거나 숲을 베어 없애고 있어. 게다가 환경은 점점 오염되어 가고.

황사 예보관 낙타

낙타는 두 줄로 된 촘촘한 속눈썹을 갖고 있어. 이러한 속눈썹은 안구 표면을 스쳐 지나가는 공기 흐름을 막아 건조한 모래바람에도 견딜 수 있게 해 주지. 그리고 스스로 콧구멍을 닫을 수 있고, 귀 주위 털도 길어서 모래 먼지를 막아 줘.
또 황사가 언제 오는지 사람보다 먼저 알아낼 수 있어. 그래서 모래 폭풍이 온다 싶으면 모래 속에 코를 묻고 큰 소리로 울어 대지. 사막에서 낙타만큼 훌륭한 황사 예보관도 없단다.

지구 반 바퀴를 도는 황사

황사 발원지에서 나오는 흙먼지의 양을 100%라 할 때 보통 30%가 발원지에서 다시 가라앉고, 20%는 주변 지역으로 날아가. 그리고 50%는 우리나라와 일본, 태평양까지 날아가 떨어지기도 해.
1998년 4월의 모래 폭풍이 태평양을 건너 6일 만에 15,000km를 날아 미국 본토나 하와이, 심지어는 알래스카 북쪽 해안에 떨어진 게 위성사진으로 확인되기도 했어.

환경보호는 한 국가나 지역만의 문제가 아니야. 지구촌 전체의 문제가 된 지 오래되었지. 지구의 온도가 1℃만 올라도 생태계 30%가 멸종하는 것으로 알려져 있어. 게다가 토양이 황폐해져 사막화가 급속도로 진행돼 농작물이 자랄 수 없어. 또, 질병과 영양실조로 죽어 가는 사람들이 늘어나고 있지. 대기오염도 심해져 호흡기 질환 등 사람들의 건강을 위협하기도 해. 그래서 세계 여러 나라는 환경보호를 위해 국제 협약을 맺었단다.

환경보호를 위한 국제 협약에는 뭐가 있을까?

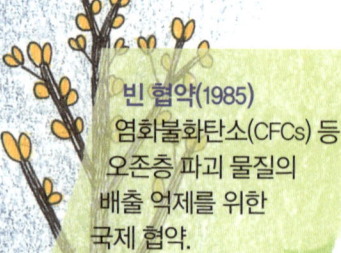

오존층 보호

빈 협약(1985)
염화불화탄소(CFCs) 등 오존층 파괴 물질의 배출 억제를 위한 국제 협약.

몬트리올 의정서(1987)
빈 협약의 구속력 강화, 95종의 오존층 파괴 물질 규제.

온실가스 배출 규제

기후변화 협약(1992)
지구온난화에 따른 기후변화에 적극 대처하기 위하여 체결된 이산화탄소 배출 규제 등 기후변화에 관한 유엔 기본 협약.

교토 의정서(1997)
기후변화 협약의 부속 의정서로, 지구온난화를 방지하기 위해 온실가스 감축 등 행동 지침 규정.

발리 로드맵(2007)
교토 의정서에서 합의한 기간(2008년~2012년) 이후의 온실가스 감축에 대해서 선진국은 물론 개발도상국까지 참여하기로 한 협정.

코펜하겐 협정(2009)
2050년까지 온실가스 감축, 평균 온도 상승폭을 산업화 이전 대비 2℃로 제한하자는 협정.

유해 폐기물의 국가 간 이동 및 처리 금지

런던 협약(1975)
쓰레기나 폐기물의 해양 투기 등 해양 오염 방지 협약.

바젤 협약(1989)
폐기물의 관리 능력이 없는 개발도상국의 환경보호를 위하여 선진국의 유해 폐기물을 개발도상국으로 이동하거나 처리하는 것을 금함.

동식물 보호

사막화 방지

사막화 방지를 통한 지구 환경보호를 위한 협약(1994).

람사르 협약(1971)
국제적으로 중요한 습지 보호 및 이용에 대한 협약.

생물 다양성 협약(1992)
생물자원의 멸종을 방지하고 유전자원 이용에 따른 이익을 공평하게 분배하기 위한 생물 종 다양성 협약.

세계 환경의 날

매년 6월 5일은 세계 환경의 날이야. 전 세계 사람들이 환경보호에 대해 생각을 나누고, 행동을 실천할 수 있게 하기 위한 국제적 기념일이지.
1972년 6월 5일 스웨덴 스톡홀름에서 열린 'UN 인간환경회의'에서 만들어졌는데, 국제사회가 지구환경 보진을 위해 공동의 노력을 기울일 것을 다짐한 첫 번째 국제회의였어. 이 회의를 통해 인간환경선언(스톡홀름선언)이 발표됐고, UN 산하에 환경전문기구인 '유엔환경계획(UNEP)'을 설립하기로 결의하였단다.

그렇구나. 그민자야겠어.

하늘은 뿌옇고, 눈은 따갑고!

아침부터 황사로 하늘이 뿌옜다. 봄이는 낙타 인형 낙낙이를 주머니에 넣고 학교에 갔다. 마스크는 썼지만 눈이 따가웠다. 가려운 눈을 자꾸 비볐더니 금세 눈이 빨개지고 목도 따가웠다.

"봄아, 네 눈이 빨개. 내 눈도 빨간데!"

교실로 들어서자 가을이가 쪼르르 달려왔다. 가을이 눈도 토끼 눈처럼 빨갰다.

"눈이 너무 가려워."

"나도 그래. 우리는 역시 천생연분인가 봐. 이름도 봄, 가을. 눈도 똑같이 빨갛고!"

가을이가 너스레를 떨었다.

"황사 때문에 괴로운데 너까지 왜 그러니? 이름이야 우연히 그런 거고, 눈은 우리 반 애들 거의 다 빨간데, 뭘."

봄이가 가을이를 살짝 흘겨보았다. 하지만 살갑게 구는 가을이가 밉지는 않았다.

"어쨌든 우리는 천생연분이라니까! 명심해."

아유, 황사 정말 나쁘다.

뭐라고? 말도 안 돼!

그런데 황사가 긍정적인 효과도 있어.

황사가 긍정적인 효과도 있다고?

황사는 태양광을 반사하여 지구온난화를 억제하기도 해. 또 황사에는 석회 등의 알칼리 성분이 포함되어 있어 대기의 산성 물질을 중화시켜 산성비의 피해를 줄여 주기도 하고, 토양과 호수의 산성화를 방지하는 역할도 하지. 산림에 송충이로 인한 피해를 줄이고, 강이나 바다의 적조 현상도 줄여 준대.

오, 무조건 미워할 수만은 없는 그대, 황사여!

4 황사를 조심해!

수업이 끝나고 집에 돌아가는 길, 가을이가 봄이를 따라왔다.
"왜 자꾸 따라오니? 너희 집은 반대 방향이잖아."
봄이가 따져 묻자 가을이가 봄이를 앞질러 뛰었다.
"따라가기는? 네가 나 따라오는 거지. 히히!"
"못 말려. 동생이니까 봐준다."
"헤헤! 봄이랑 함께라면 동생이라도 좋다! 봄아, 사실은 낙낙이랑 놀면서 황사에 대해 좀 더 공부하려고 너희 집에 가는 거야."

"쳇, 네가 공부를 한다고?"
"그럼! 내가 공부를 얼마나 좋아하는데. 특히 봄이 너랑 하는 공부!"
봄이랑 가을이는 앞서거니 뒤서거니 티격태격하면서 봄이네 집으로 향했다.

아빠는 봄이가 벗어 놓은 옷을 밖으로 들고 가 털었다. 봄이는 그새 얼굴과 발을 씻고 눈도 흐르는 물에 씻었다. 소금을 엷게 탄 물로 입도 헹구었다. 가을이도 봄이를 따라 씻었다.

황사 예방법

- 외출이나 바깥 운동을 하지 않는다.
- 외출을 할 때는 황사 마스크를 꼭 쓴다. 옷은 먼지가 잘 달라붙지 않는 천으로 된 옷을 입는다.
- 외출을 다녀온 후에는 손발과 눈, 코를 깨끗이 씻고, 연한 소금물로 입을 헹군다. 겉옷과 모자, 마스크를 밖에서 털어 황사 입자가 집 안으로 들어오지 않도록 한다.
- 바깥 공기가 안으로 들어오지 못하게 창문을 꼭 닫는다.
- 가습기의 습도를 50% 정도 유지시킨다. 그러면 황사 입자가 둥둥 떠다니지 않고 바닥에 가라앉는다. 빨래를 실내에서 말리거나 젖은 수건을 걸어 놓아도 된다.
- 물을 많이 마신다. 물은 오염 물질을 묽게 하고, 황사 속에 있는 미세먼지와 중금속을 쉽게 땀과 소변으로 나오게 한다. 점막의 습도 유지에도 좋다.

한겨울 씨 말처럼 황사는 무조건 피하는 게 좋아. 그럴 수 없을 때는 이렇게라도 예방을 해야지.

옛날에도 황사가 있었을까?

《삼국사기》에 보면 신라 아달라왕(174년) 일월에 '우토(雨土)'라는 기록이 나와. 우토란 '비처럼 쏟아지는 흙'이라는 뜻으로 바로 황사를 말하는 거야. 그때 사람들은 하늘의 신이 화가 나서 비나 눈이 아닌 흙가루를 땅으로 뿌렸다고 믿었어. 그래서 우토 현상이 나타나면 왕과 신하들은 몹시 두려워했대.
또, 고구려 보장왕(644년) 때는 음력 시월에 내린 눈이 붉은 색이었다는 기록이 있는데, 눈에 황토가 섞여 있었기 때문으로 풀이된대.

조선시대에는 우토를 토우(土雨)라고 불렀어. 우리말로 '흙비'라는 뜻이야. 《조선왕조실록》에는 토우라는 낱말이 예순일곱 번이나 나와. 그 첫 번째 기록은 《태종실록》에 나오는데 '동북면(東北面) 단주(端州)에 토우(土雨)가 내리기를 무릇 14일 동안이나 하였다.'라고 되어 있어.
또, 명종 5년 3월 22일 기록에는 '서울에 흙비가 내렸다. 전라도의 전주와 남원에는 비가 내린 뒤에 연기 같은 안개가 사방에 꽉 끼었으며, 쓸면 먼지가 되고 흔들면 날아 흩어졌다.'라고도 나와 있단다.

황사에 좋은 음식은 뭘까?

초원의 유목민들이 황사를 막아 내는 법

내몽골은 황사의 발원지야. 그러니 황사의 규모가 우리나라와 비교할 수 없을 만큼 강력해. 모래 폭풍이라도 불면 집 안에 모래 먼지가 가득해진대. 이럴 때 유목민들은 어떻게 할까? 좀 원시적인 방법이기는 하지만 아궁이에 커다란 솥을 걸어 놓고, 최대한 많은 물을 끓여. 그러면 수증기가 만들어지고 집 안이 수증기로 가득해지겠지? 이러면 공기의 밀도가 달라져서 모래 먼지가 단 한 톨도 집 안으로 들어오지 않고 집을 모두 비껴가 버린다고 해. 참 지혜로운 방법이지?

황사에 좋은 음식

❶ **배** 기관지에 좋은 루테올린이라는 성분이 있어서 폐에 생긴 염증이나 가래, 기침에 좋아.

❷ **오메가-3** 등 푸른 생선에 많은 오메가-3 지방산에는 기도의 염증을 완화시켜 폐질환 증상인 호흡곤란을 개선하는 효과가 있어. 고등어, 연어, 꽁치, 갈치 등의 생선류와 아욱, 들깻잎 같은 채소류에 많아.

❸ **녹차** 녹차에 들어 있는 탄닌 성분은 중금속을 배출하는 효과가 있고, 발암물질을 억제해 줘.

❹ **해조류** 미역이나 다시마 같은 해조류에는 혈액순환에 도움이 되는 비타민K와 독소 배출에 효과적인 칼륨이 풍부해서 우리 몸속의 중금속, 발암물질 등을 쉽게 배출해 줘.

❺ **마늘** 중금속의 해독을 돕고 몸속에 쌓이는 것을 막아 주는 효과가 있어.

❻ **미나리** 각종 비타민, 무기질이 풍부한 알칼리성 채소로 피를 맑게 하고 해독 작용을 해. 미나리를 많이 먹으면 중금속을 흡수하여 몸 밖으로 빠져나가게 하지.

5 으악! 미세먼지는 또 뭐야?

"여보, 오늘은 절대 외출하지 말아요. 봄이도 나가서 놀지 말고 집에만 있어. 오늘 미세먼지 장난 아니네."

일요일 아침, 여름 여사가 친정에 가면서 단단히 일렀다. 그러나 잠시 뒤, 한겨울 씨는 외출 준비를 했다.

봄이가 깜짝 놀라 아빠를 쳐다보았다.
"아빠! 엄마가 외출하지 말랬잖아."
"오, 봄이야. 아빠는 시인이란다. 시를 건지려면 밖으로 나가야 해. 연일 황사 때문에 밖에 못 나가고 집에만 갇혀 있던 시간이 얼마나 길었더냐?"

봄이는 엄마가 이른 말도 있고 해서 망설였다. 하지만 낙낙이에게 우리나라의 봄 경치를 보여 주고 싶은 마음도 컸다. 그 먼 사막에서 여기까지 왔는데…….

봄이야. 우리도 따라가자. 나도 꽃구경하고 싶단 말이야.

봄이가 애원의 눈빛을 보내자 한겨울 씨가 거울 앞에서 머리를 매만지다가 엄한 눈빛으로 손을 내저었다.

안 돼! 엄마가 알면 큰일 나. 게다가 미세먼지도 많은데 어린애들은 더 위험하다고!

아빠. 나랑 낙낙이도 데리고 가!

미세먼지는 어디서 생겨나지?

와, 하늘 좀 봐. 온통 뿌여네.

여름 여사가 그랬잖아. 오늘 미세먼지 장난 아니라고.

미세먼지가 뭐야? 어디서 생겨나는 거야? 황사랑은 달라?

봄아, 하나씩 물어봐. 우선 미세먼지란 우리 주위에 늘 있는 먼지 중에 아주 작은 먼지를 말해. 우리 눈에 보이지 않을 정도로 아주 가늘고 작은 직경 10마이크로미터(PM10㎛) 이하의 대기오염이 되는 먼지 입자야.

마이크미터? 아아아! 마이크 테스트, 마이크 테스트! 그 마이크?

아고, 답답해! 마, 이, 크, 로, 미, 터! 1마이크로미터가 백만 분의 일 미터라면 상상이 될까? 그러니까 1mm 크기의 알갱이를 100개로 쪼개 놓은 아주 작은 알갱이라고. 이런 미세먼지는 우리가 숨 쉴 때 호흡기관을 통해 폐 속으로 들어가서 폐의 기능을 떨어뜨리고 면역 기능도 약하게 만들어.

미세먼지가 담배보다 독하다고?

봄이와 낙낙이는 한겨울 씨의 자동차 안으로 숨어들었다. 뒷좌석에 몸을 숙이고 있으면 한겨울 씨가 모르고 차를 출발할 거고, 차가 집을 한참 벗어난 뒤에 나타나면 한겨울 씨도 어쩔 수 없을 거라는 계산이었다.

환경부의 수도권 대기오염 개선 대책

수도권 대기오염의 원인은?
높은 인구밀도, 자동차 배출 가스 증가, 에너지 소비량 증가, 중국 영향.

대기오염이 인체에 얼마나 위험할까?
조기 사망률 증가, 휘발성 유기화합물에 의한 아토피 질환, 호흡기 질환, 폐 질환 유발.

깨끗한 대기를 위한 우리의 실천

자동차
대중교통 이용하기, 친환경 자동차 타기, 매연 줄이는 장치 달기, 쉽게 닳지 않는 타이어 쓰기, 공회전 줄이기, 급출발 급정지하지 않기.

가정
친환경 저녹스 보일러 설치, 휘발성 유기화합물이 적은 제품 사용, 친환경 인증마크 제품 사용.

음식점 및 사업장
음식점 직화구이 후드 설치, 세탁소에는 밀폐형 세탁기 설치, 친환경 세제 사용, 주유소 유증기 회수 설비 설치.

공장 및 공사장
공사장 주변 청소차 운영, 건물 지을 때 수성도료 사용, 화물 차량 적재함 완전 밀폐.

미세먼지(PM_{10}) 예보 등급 및 행동 요령

개정구간	예측 농도 (μg/㎥·일)	행동 요령	
		노약자	일반
좋음	0~30	-	-
보통	31~80	-	-
약간 나쁨	81~120	장시간 실외 활동 가급적 자제	-
나쁨	121~200	무리한 실외 활동 자제 요청 (특히 호흡기, 심질환자, 노약자)	장시간 무리한 활동 자제
매우 나쁨	201~300	실외 활동 제한	실외 활동 자제
	301이상	실내 생활	실외 활동 자제

6 경고! 오늘 외출 금지

잔뜩 멋을 낸 한겨울 씨가 마당 한쪽에 세워 둔 자동차로 걸어왔다.
"아이고, 한겨울 씨 이제 나오네. 이 비좁은 차 안에서 낙낙이 숨 막혀 죽는 줄 알았네."
"쉿! 네가 이해해. 우리 아빠가 원래 좀 느려."
자동차 창에 자신을 비추어 보던 한겨울 씨는 차 문을 열기 전 하늘을 힐끗 올려다봤다. 이내 얼굴이 살짝 찌푸려졌다.

"오, 미세먼지가 심하긴 심하군. 하지만 수도권만 벗어나면 맑은 하늘을 볼 수 있을 거야."

드디어 한겨울 씨가 차에 올랐다. 뒷좌석에 숨어 있던 봄이와 낙낙이는 몸을 더욱 숙였다.

자동차가 동네를 벗어나기 무섭게 낙낙이가 속삭였다.

"아이고, 힘들어. 언제까지 이러고 있어야 하지?"

"쉬! 제발 조용히 좀 해. 지금 들키면 아빠가 차를 돌려서 다시 집에 갈지도 모른다고!"

셋은 자동차를 타고 신나게 달렸다. 어디를 가든 좋았다. 바야흐로 봄이니까!

그런데 봄을 즐기려는 이들을 방해하는 게 있었으니, 바로 미세먼지, 그것도 초미세먼지였다.

"으, 아빠. 창문 좀 닫아 줘."

"창문을 닫으라니! 살랑살랑 봄바람이 이렇게 좋은데."

"눈이 따가워요. 내 긴 눈썹이 황사는 막아도 미세먼지는 못 막나 봐."

"콜록콜록! 미세먼지 때문에 목이 아파!"

"나도 아픈데……. 난 안 보여요?"

"헉! 내가 봄 정경에 취해 우리 딸을 아프게 했구나!"

"앗, 낙낙 군도 있었지. 미안, 미안! 그나저나 우리나라도 미세먼지가 심각한데, 미세먼지에 대한 대책이 아직 충분하지 못한 게 사실이야."

"맞아요. 그중 초미세먼지는 머리카락 굵기의 30분의 1 정도로 작아 코털이나 기관지 점막에서 걸러지지 않아 더 위험해요. 더구나 황사는 주로 봄에 나타나지만 미세먼지는 일 년 내내 나타나고요."

"일 년 내내? 초미세먼지는 또 뭐야?"

"초미세먼지는 미세먼지보다 훨씬 작은 먼지를 말해. 엄청나게 위험하기도 하지. 정부종합대책 자료를 보면 중국의 영향은 30~50%로 추정된대. 그러니까 국내 초미세먼지가 50~70%를 차지한다는 뜻이지."

"그런데 초미세먼지도 중국에서 오나?"

"미세먼지의 주범은 바로 석탄 발전소예요. 국내에서는 아직도 엄청난 양의 석탄을 쓰고 있지요. 그리고 공장과 자동차 배기가스에서도 많이 나와요."

"자동차를 당장 없앨 수는 없고, 차량 2부제를 실시하는 게 좋겠군."

"아빠, 차량 2부제가 뭐야?"

"번호판의 끝자리가 홀수면 홀수 날, 짝수면 짝수 날 그 자동차를 운행하는 거야."

"어, 우리 번호판 끝자리가 짝수고 오늘이 3일이니까…… 아빠, 오늘 우리 차 운행하면 안 되는 날이잖아?"

"하나를 가르치면 열을 아네. 하지만 강제적으로 시행하는 건 아니니까, 오늘은 기분 좋게 가자고!"

그런데 한겨울 씨가 착각한 게 있었으니, 강화도는 바다가 있는 섬이기는 하지만 수도권이었다.

중국에서 날아오는 황사와 미세먼지가 때때로 전국 최고 수준을 기록하는 곳이었으니…….

미세먼지와 초미세먼지의 차이

환경부는 미세먼지 오염도를 미세먼지(PM10)와 초미세먼지(PM2.5)로 나누어 관리하고 있어. PM은 Particulate Matter(입자상물질)의 약자고, 10과 2.5는 입자의 크기를 나타내. 오염도 단위는 $\mu g/m^3$로 표기하는데 1세제곱미터 부피의 공기에 포함되어 있는 입자상물질을 마이크로그램(μg) 단위로 나타낸 거야. 너무 어렵다고? 그럼 이것만 기억해. 미세먼지 PM10, 초미세먼지 PM2.5!

아빠, 여기는 어디야? 강화도 멀었어? 서울은 아닌 것 같은데 아직도 하늘에 미세먼지가 가득해.

한겨울 씨, 길을 잃은 거 아니에요? 지금 서울 둘레를 뱅뱅 도는 것 같은 이 기분은 뭐지?

미안. 산과 바다가 있는 가까운 곳을 찾다 보니 강화도가 수도권이란 걸 잊었어. 이왕 여기까지 왔으니 산에라도 올라가자. 봄나들이해야지.

괜찮을까요? 지금도 숨 쉬기가 힘든데.

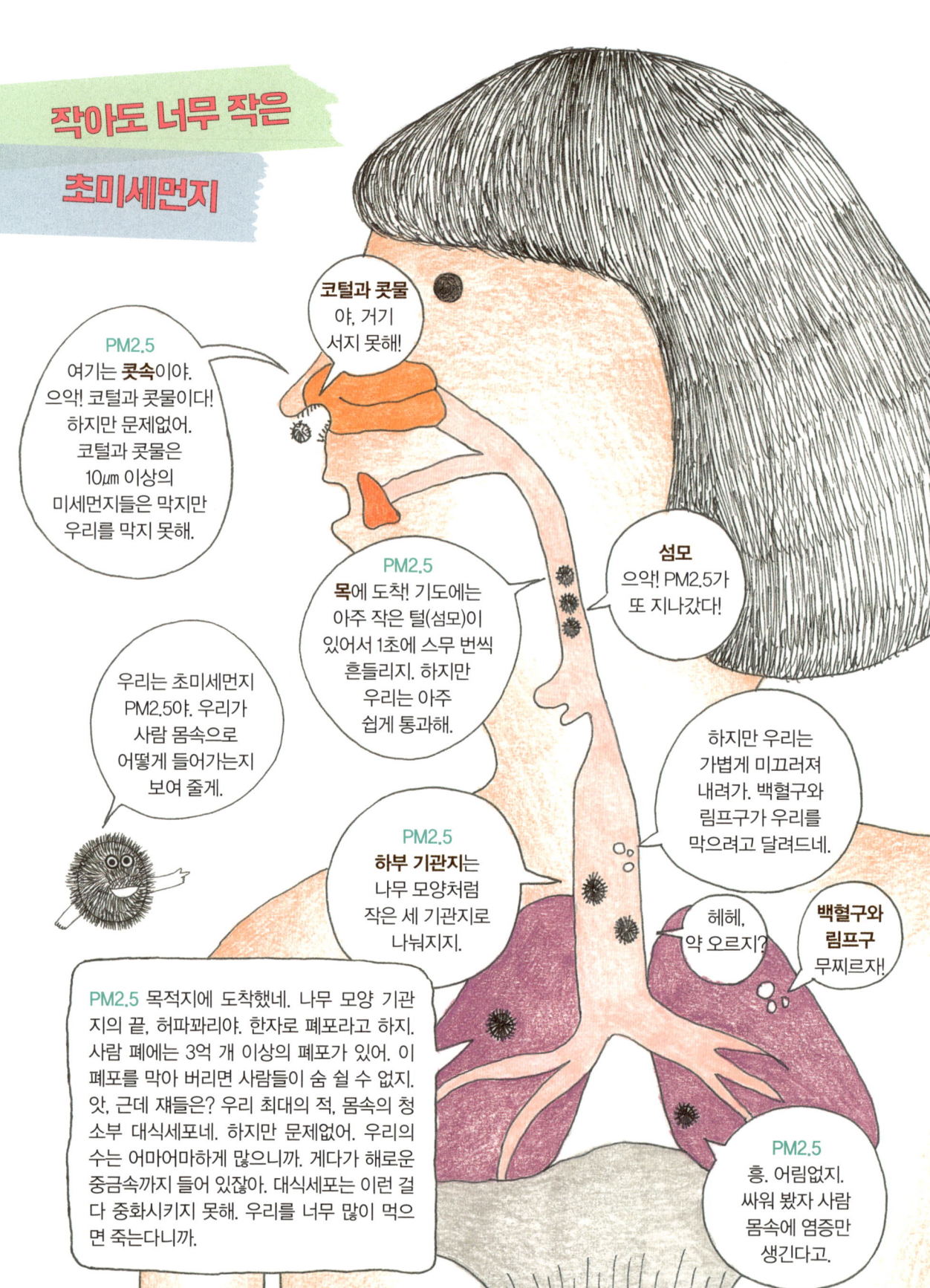

PM2.5
이번에는 우리의 특수부대를 소개할게. 0.1마이크로미터 이하의 극미세 입자들이야. 얘들아, 나와라!

PM2.5
우리 크기를 머리카락 굵기와 비교해 주지.

PM2.5 (2.5㎛)   머리카락 (50~70㎛)

PM0.1
헤헤, 우리가 폐포에 도달하면 혈관까지 가는 건 시간 문제지. 야! 혈관아, 부서져라! 동맥아, 좁아져라!

PM0.1
울어도 소용없어. 우리는 몸속 깊이도 침투할 수 있지. 호흡 혈관계를 통해서 네 심장을 공격해 심장마비를 만들 수도 있다고. 어디, 우리보다 더 무서운 자를 데려와 봐라. 숨 쉴 때마다 우리를 들이마시는 인간들아!

초미세먼지의 주범 석탄 화력발전소

석탄 화력발전소는 세계적으로 초미세먼지의 주요 원인이야. 게다가 대기오염, 수질오염, 토양오염, 기후변화의 주범이기까지 해. 그래서 미국을 비롯한 세계 여러 나라에서 석탄 화력발전소를 줄여 나가고 있어. 초미세먼지를 비롯한 대기오염 문제와 기후변화의 주요 원인인 온실가스 때문이지. 전 세계 이산화탄소의 44%가 석탄으로부터 배출되며, 석탄 화력발전소는 그중 가장 많은 배출량을 차지해.

미국은 2010년부터 187기의 석탄 화력발전소를 폐쇄해 왔고, 2020년까지 27% 이상의 석탄 화력발전소를 폐쇄할 거래. 중국은 2013년부터 '대기오염 방지 행동계획'을 발표하고, 중국 내 석탄 사용량을 줄이고 있으며, EU도 10년 내 최대 1/3의 석탄 화력발전소를 폐쇄할 예정이야. 우리나라는 어떨까? 안타깝게도 우리나라는 2021년까지 총 24기를 더 만들 예정이래. 그렇게 되면 석탄 화력발전소의 평균 수명인 40년 동안 운영된다고 가정할 때, 총 32,000명의 조기 사망자가 발생할 수 있다는 연구도 있단다.

7 무시무시한 초미세먼지

산에 취하고 꽃에 취하고 미세먼지에 취해 느지막이 집에 돌아온 한겨울 씨와 봄이, 낙낙 군에게 여름 여사의 불호령이 떨어졌다.
"오늘 같은 날씨에 애를 데리고 외출하면 어떡해요?"
"아, 그, 그건……. 봄이야, 네가 말해."
"엄마, 사실 아빠는 말렸는데 내가 따라간 거야."
"봄이가 간다고 해도 당신이 말렸어야지. 엄마 폐암이라고 해서 지금 속상한데, 당신까지 왜 이래?"

저도 데리고 다녔는데. 제 걱정도 좀…….

초미세먼지가 일으키는 병

외할머니가 병원에 입원하시자 봄이는 초미세먼지에 대해 좀 더 공부하기로 했다. 봄이가 도서관에 간다고 하자 낙낙이도 따라나섰다. 둘은 점심도 잊은 채 공부에 열중했다.

"아, 힘들다! 봄아, 난 공부 다 했어. 초미세먼지가 일으키는 병에 대해 내가 알려 줄게. 이제 그만하고 집에 가자."

낙낙이는 책을 탁 덮으며 기지개를 폈다.

"나도 공부 많이 했거든. 우리 겨뤄 볼까?"

"좋아. 내가 이길걸?"

"흥! 길고 짧은 건 대봐야 안다고. 그럼 나 먼저, 초미세먼지란 사람이 알아차리지 못할 정도로 아주 작다."

봄이가 먼저 공부한 내용을 뽐내듯 말했다.

"내 차례! 피부에 달라붙어 피지샘이나 땀샘을 막아서 피부를 거칠게 하거나 피부가 할 일을 막는다."

낙낙이도 술술 설명을 이어갔다.

전 세계 대기 환경기준

중국의 여덟 살 어린이가 폐암?

중국의 대기오염은 아주 심각해. 2013년에는 여덟 살 여자 어린이가 폐암에 걸려 국민들이 큰 충격에 빠지기도 했어. 원인은 이 어린이의 집이 도로 옆에 있어 오랜 기간 미세먼지에 노출됐기 때문이래. 미국 암 학회에 따르면 폐암 환자의 평균 나이는 일흔 살인데, 이 어린이는 중국 폐암 환자 가운데 최고로 어린 나이로 기록되었대. 스모그가 자주 발생하는 베이징에서는 실제로 폐암 환자가 지난 2001년에서 2010년 사이 56%나 증가했다고도 해.

스모그(smog) : 연기와 안개의 합성어(smoke+fog)로 대기오염물질로 하늘이 뿌옇게 보이는 현상을 부르는 말이야.

초미세먼지가 전 세계적으로 주목받은 것은 중국에 있는 미국 대사관 직원이 SNS로 베이징의 초미세먼지 농도를 알리고부터야. 그래서 미국은 세계 최초로 초미세먼지에 대한 대기 환경기준을 세웠어. 그럼 세계 여러 나라의 대기 환경기준을 알아볼까?

초미세먼지(PM2.5)에 대한 각국의 대기 환경기준

	기준 기간	기준 농도
미국(2006년 기준)	24시간 평균	35㎍/㎥ 이하
	연평균	15㎍/㎥ 이하
세계보건기구(WHO, 2007년 기준)	24시간 평균	25㎍/㎥ 이하
	연평균	10㎍/㎥ 이하
유럽연합(EU, 2005년 개정 제안)	24시간 평균	–
	연평균	25㎍/㎥ 이하
일본(2009년 기준)	24시간 평균	35㎍/㎥ 이하
	연평균	15㎍/㎥ 이하
중국(2016년 실시-1급 기준)	24시간 평균	35㎍/㎥ 이하
	연평균	15㎍/㎥ 이하

우리나라의 미세먼지에 대한 대기 환경기준

항목	구분	국가 기준 농도
미세먼지(PM10)	24시간 평균	100㎍/㎥ 이하
	연평균	50㎍/㎥ 이하
초미세먼지(PM2.5)	24시간 평균	50㎍/㎥ 이하
	연평균	25㎍/㎥ 이하

❖ 초미세먼지(PM.25)의 환경기준은 2015. 1. 1.부터 적용

우리나라는 다른 나라에 비해 대기 환경기준 수치가 크게 높아. 세계보건기구 기준인 10㎍/㎥ 보다 2.5배나 높은 편이야. 그만큼 아직까지 우리 정부나 국민이 초미세먼지의 위험성을 심각하게 생각하지 않는 셈이지.

우리 동네 미세먼지가 궁금하다면?

환경부 대기 환경 정보 홈페이지 에어코리아(www.airkorea.or.kr)야. 이곳을 이용해 자기가 사는 지역의 미세먼지 농도 등, 대기오염 현황을 자세히 알 수 있어.
이 밖에도 서울시와 기상청 홈페이지에서도 미세먼지 농도를 알려 주고 있어.

서울시
http://cleanair.seoul.go.kr

기상청
http://www.kma.go.kr

미세먼지 예보 문자전송 서비스
http://cleanair.seoul.go.kr

8 초미세먼지에서 살아남기

퇴근 뒤, 병원에 입원한 친정어머니한테 다녀온 여름 여사 얼굴에 근심이 가득했다.
'평생 고생만 하시다 이제 쉬실 만하니 덜컥 암에 걸리셨네.'
여름 여사가 어깨를 축 늘어뜨린 채 대문으로 들어서는데, 생선 굽는 냄새가 코를 찔렀다. 현관문을 여니 집 안에 연기가 매캐했다.

"아유 이 연기 좀 봐. 여보, 생선은 밖에서 구워야 한다니까!"
여름 여사가 소리치며 창이란 창을 죄 열었다.
"알지. 근데 귀찮아서……."
꽃무늬 앞치마를 얌전하게 두른 한겨울 씨. 주부로서 최선을 다한다는 뿌듯함에 즐겁게 밥상을 차리다가 뒷머리를 긁적였다.
"몇 발자국 나가서 굽는 게 뭐가 그리 귀찮다고. 생선 냄새가 옷이며 가구에 죄 배잖아."
여름 여사가 잔소리를 시작했다.
"그리고 조리할 때 미세먼지가 나와서 주부들이 폐 질환에 많이 걸린다는 거 몰라요? 어머, 청소도 안 했잖아. 당신 집에서 놀면서 하루 종일 뭐 했어?"
어질러진 거실을 보며 아까보다 더 큰 소리로 외쳤다. 친정어머니 때문에 신경이 날카로워진 탓이다.

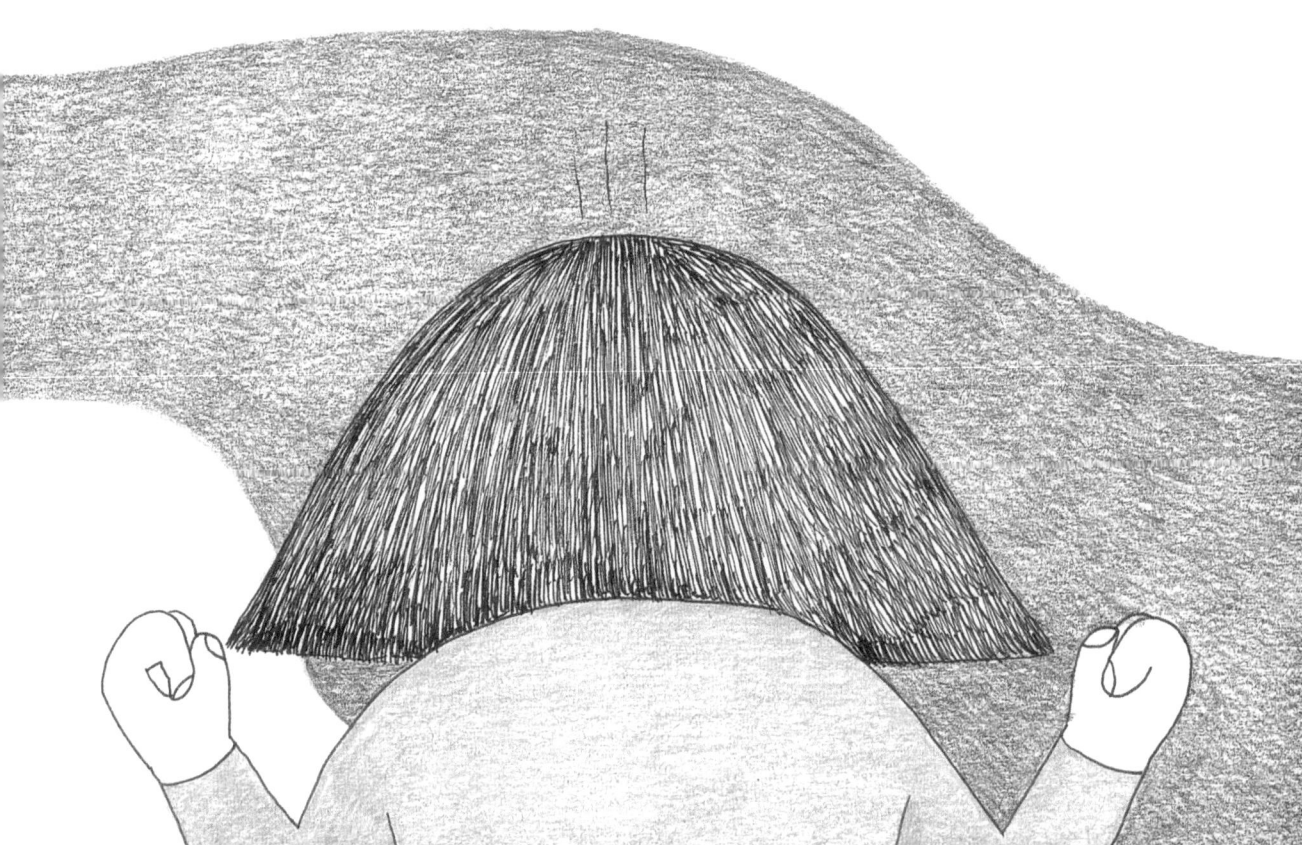

"뭐? 놀아? 당신 주부가 하는 일이 얼마나 많은 줄 알아?"

묵묵히 듣고 있던 한겨울 씨의 눈초리가 쫙 올라갔다.
여름 여사도 지지 않고 소리쳤다.

"얼마나 많은데?"

"당신이 하루 온종일 집안일 해 보라고. 한나절 만에 뻗어 버릴걸."

"아유, 알았어요. 알았어. 내가 하고 말지."

"에취! 진공청소기를 잘못 사용하게 되면 청소기 연결 부위나 공기 배출구로 미세먼지가 다시 나와 실내에 확산될 위험이 있다고요. 오랫동안 사용했던 청소기를 다시 켜서 돌릴 때 좋지 않은 냄새가 나는 것도 이런 이유 때문이에요. 실제로 청소기를 돌릴 때, 실내 미세먼지 농도가 2배로 늘어나기도 한다고요."

탁탁

여름 여사가 진공청소기를 꺼내 들고 벽이며 가구들을 탁탁 부딪치며 청소하기 시작했다. 그때 낙낙이가 갑자기 기침을 해 댔다.

일상생활에서 발생하는 초미세먼지

- **조리할 때:** 식품 재료를 가열하면 눋거나 타면서 초미세먼지가 나온다.
- **차 운전할 때:** 브레이크를 밟으면 도로에 닿은 타이어가 닳으면서 초미세먼지가 생긴다.
- **담배 필 때:** 담배 연기에 초미세먼지가 많다.
- **헤어드라이어 사용할 때:** 모터가 회전하면서 먼지를 더 잘게 부스러뜨려서 초미세먼지가 생길 수 있다.
- **청소기 사용할 때:** 헤어드라이어 사용할 때와 같다.
- **외식할 때:** 가스나 전기 오븐에서도 나오지만 화덕이나 숯불에서 특히 많이 나온다.
- **옷 건조기 사용할 때:** 섬유가 마르면서 생길 수 있다.
- **양초를 켰을 때:** 그을음이 생기는데, 이 그을음이 곧 초미세먼지다.
- **믹서로 주스를 만들 때:** 식품이 잘게 부서지면서 초미세먼지가 생길 수 있다.
- **토스터 사용할 때:** 식빵이 구워질 때 초미세먼지가 생길 수 있다.
- **증기다리미 사용할 때:** 증기가 바로 초미세먼지다.
- **쓰레기 태울 때:** 낙엽이나 나무를 태우면 초미세먼지가 생긴다. 태우는 물질에 따라 유해물질(다이옥신 등)이 생길 수 있다.

출처 : 《은밀한 살인자 초미세먼지》

　황사와 미세먼지에 시달리던 봄이 가고 여름이 왔다. 장마철이 지나자 본격적인 한여름 더위가 시작됐다.
　그런데 낙낙이가 이상했다. 가끔씩 멍하니 창밖만 바라보거나 나가지도 않고 방에 누워 있기만 했다. 어느 때는 종일 뜨거운 햇볕 아래서 하염없이 북쪽만 바라보았다.

　꽃 피고 비 내리는 세상이 그리워서 왔다더니, 여름 꽃이 한창이고 장맛비가 주룩주룩 내렸지만 꽃구경을 한다거나 비를 맞지도 않았다. 바야흐로 고향이 그리워서 향수병을 앓고 있는 것이다.
　그런 낙낙이를 바라보는 한겨울 씨와 여름 여사, 봄이의 고민도 깊어갔다. 심지어 봄이도 같이 우울해하기 시작했다.

"할머니는 분명 나으실 거예요. 하지만 다 나았다고 다시 가게 나가시면 안 돼요."
"안 되긴. 늙어도 일을 해야 건강한겨."
"그러다 또 병나면 어떡해요!"
"아녀, 아녀. 의사선생님이 그러셨어. 수술하면 거뜬히 낫는대."
"그럼요. 꼭 나으실 거예요."
엄마 아빠가 입을 모아 말했다.
"저 몽골에 며칠 다녀올 거예요. 수술하시기 전에 돌아올 거니까 그때까지 잘 계셔야 해요."
"그럼 그럼, 잘 다녀오게나. 낙낙 군도 잘 가게."
할머니 인사에 낙낙 군도 꾸벅 인사했다.

국경을 넘나드는 대기오염

낙낙이와 한겨울 씨가 몽골로 떠나는 날, 모두 배웅 나왔다.
"국경을 넘나드는 대기오염이 봄이의 건강을 해치지나 않을까……."
"낙낙아, 걱정 마. 지금까지 너랑 공부 많이 했잖아."
"낙낙군 마음 이해해. 초미세먼지는 어린이와 노인, 몸이 약한 사람들이 특히 더 조심해야 하니까."

아빠의 말에 엄마도 맞장구를 쳤다.
"그래. 국경을 넘나드는 대기오염은 한 나라의 정책만으로는 어찌할 수 없대. 그래서 2013년 5월에는 한국과 중국, 일본이 동북아시아 하늘을 뒤덮는 대기오염을 줄이자는 데 합의했다지. 이렇게 이웃 나라의 상황을 잘 알고 협력하면 대기오염을 정확하게 예보할 수 있게 된대."

대기오염과 지구온난화

 "호호, 그래도 가을이 기특한걸! 대기오염은 오존층에 큰 구멍을 만들고 있어. 오존층은 생물에게 해로운 자외선을 대부분 흡수해 생명체를 보호해 주고 지구의 온도를 적당히 유지시켜 주는 역할을 해. 그런 오존층이 파괴되면 자외선이 동물의 유전자 구조를 손상시키고, 사람들에게는 피부암과 백내장 등을 유발시키기도 한대."
 "와, 무섭네요. 지구온난화의 가장 큰 피해는 뭐예요?"
 "바로 사막화 현상이지. 지구의 온도가 올라가면 비가 내리지 않아 농작물이 자라지 못하고, 땅이 사막이 되잖아. 또 바닷물 온도가 올라가 기상이변이 일어나 세계 곳곳에 가뭄, 산불, 홍수, 한파 등의 피해가 발생하고 말이야."
 "불쌍한 지구! 내가 사는 지구가 죽어 가는구나!"
 봄이가 안타까워하자 모두 고개를 끄덕였다.
 "모든 환경문제들과 생태계, 인간은 하나로 연결되어 있어. 이제 실천을 해야 해."
 "네, 우리 당장 실천해요!"

실생활에서 온실가스 줄이는 방법

- 에너지 소비 효율이 높은 가전제품 구입하기
- 쉬는 시간에 컴퓨터 전원 끄기
- 5층 이하 계단은 걸어서 이용하기
- 장바구니 사용하고 포장은 간소화하기
- 일회용품 사용을 줄이고 개인용 컵 사용하기
- 생활용품 아껴 쓰기
- 유성페인트와 스프레이 사용 줄이기
- 배수구에 찌꺼기 흘려 버리지 않기
- 샤워 시간 1분 줄이기(이산화탄소 7kg 줄어듦.)
- 플라스틱이나 비닐 함부로 태우지 않기
- 난방 온도 2도 줄이기(가구당 연간 46kg의 이산화탄소가 줄어들며 35그루의 나무를 심는 효과가 있음.)
- 가스레인지 불꽃 세기는 한 단계 낮추고 바닥이 넓은 조리기구 사용하기
- 대중교통 이용하기
- 자동차 함께 타기(느린 운전 습관(60~80km/h)과 불필요한 공회전 하지 않기, 자동차에 많은 짐 싣지 않기.)
- 모든 에너지 낭비하지 않기

에어포칼립스

에어포칼립스(airpocalypse)란 공기(air)+종말(apocalypse)을 합친 말로 대기오염으로 인한 종말을 뜻해. 영국 경제지 〈파이낸셜 타임스〉가 중국의 심각한 대기오염 상황을 묘사하기 위해 만든 단어야. 대기오염이 인류의 파멸까지 가져올 수 있다는 뜻이지.

얼만 전 중국 환경보호부가 발표한 자료에 따르면 중국의 도시 74개의 대기오염 수치를 조사했는데 기준치를 통과한 도시는 단 8곳이었어. 또 2013년 통계로는 중국 주요 도시 31곳에서 대기오염으로 사망한 사람이 25만 7천여 명이래. 이는 흡연으로 사망한 수치보다 더 높다는 거야.

지금 중국에서는 마스크 없이 외출하기가 힘든 정도야. 급격한 산업화로 대기오염의 규모도 엄청나지만 빠르게 악화되고 있어. 그래서 중국 정부는 '스모그 퇴지 종합대책' 등을 내놓는 등 스모그 퇴치에 총력을 기울이고 있대.

참고 도서 및 사이트

《황사, 그 수수께끼를 풀다》(이와사까 야스노부, 푸른길, 2008)
《황사의 여행》(강순희, 현암사, 2008)
《콜록콜록! 오늘의 황사 뉴스》(묘리, 동아사이언스, 2014)
《모두를 위한 환경 개념 사전》((사)환경교육센터 외, 한울림, 2015)
《지구의 미래로 떠난 여행》(마크 라이너스, 돌베개, 2006)
《은밀한 살인자 초미세먼지》(이노우에 히로요시, 전나무 숲, 2014)
《아픈 아이들의 세대》(우석훈, 뿌리와 이파리, 2005)
《미세먼지에서 살아남기》(달콤팩토리, 아이세움, 2014)

환경부 www.me.go.kr
한국기후환경 네트워크 www.kcer.kr
기상청 www.kma.go.kr
그린피스 www.greenpeace.kr
녹색연합 www.greenkorea.org
차이징의 스모그 다큐 www.youtube.com

작가의 말

오늘도 앞산이 안 보여요!

제가 사는 곳은 강화도예요. 바다와 산이 있고, 넓은 들이 있어 곳곳에 저수지도 많지요. 사람들은 이런 시골에 사니까 공기가 맑아서 좋겠다고 부러워해요. 아무래도 도시보다는 공기가 맑고 깨끗하지요.

그런데 요즘은 꼭 그렇지만도 않아요. 황사와 미세먼지 주의보는 계절에 관계없이 내리고, 어느 날은 서울보다 나쁘거나 전국 최고 수준일 때도 있어요. 저희 집은 들판 한가운데라서 앞뒤로 마니산과 진강산이 손을 뻗으면 닿을 듯 가까운데, 그 산들이 뿌연 먼지에 가려 거무스름한 형체만 보일 때가 많아요.

특히 올봄에는 더 그랬어요. 아침에 일어나면 앞이 뿌예서 안개가 심하구나, 했는데 알고 보니 그게 미세먼지였어요. 미세먼지 농도가 '나쁨'이나 '매우 나쁨'인 날이었지요.

그 속을 뚫고 새벽 운동을 하는 사람도 있고, 농부들은 오토바이를 타고 논이나 밭으로 작물을 살피러 나갔어요. 또 자전거 동호회 회원들이 단체로 자전거를 타고 한적한 농로를 달리기도 했고요. 생각해 보면 정말 끔찍한 일이에요. 나쁜 공기를 일부러 폐 속 가득 집어넣은 셈이니까요.

이제 우리나라 어디든 미세먼지 농도가 비슷하다고 해요. 지난 5월에는 우리나라의 대기질이 180개국 가운데 173위라는 정부 발표도 있었어요. 미국 항공우주국 나사(NASA)에서는 한반도 대기오염에 놀랐다는 보도도 나왔어요. 이미 위험 수준이라는 말이지요.

앞으로 우리는 산소통을 짊어지고 다녀야 할지도 몰라요. 머지않아 갖가지 병에 걸리는 사람도 많아지고, 어린아이들은 아토피나 천식 등 피부 질환이나 기관지 질환이 많이 생길 것 같아 이만저만 걱정이 아니에요.

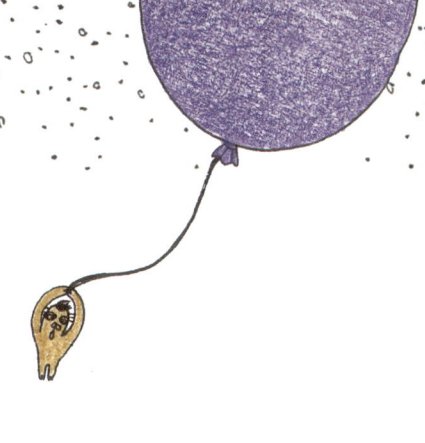

　사실 미세먼지는 우주가 탄생하면서부터 생겼다고 해도 맞아요. 그러니까 물질이 만들어지고 나서 미세먼지도 생겨났지요. 따라서 미세먼지를 피할 수는 없어요. 이 책에도 나왔지만 일상에서 일어나는 모든 일-청소, 빨래, 조리, 자동차, 헤어드라이어, 양초 등등-에서 늘 발생하니까요. 그렇기 때문에 대기오염에 대한 대책은 정부 차원, 나아가 전 세계가 머리를 맞대고 깊이 고민해야 하는 일이에요. 각 나라의 대책도 중요하지만 우리는 이미 지구촌이라는 거대한 공동체의 일원이니까요.

　어린이 여러분, 그렇다고 우리가 할 수 있는 일이 없을까요? 아니에요. 지구 환경을 깨끗이 하기 위해서는 물건을 아껴 쓰고, 전기를 절약하고, 고기를 덜 먹고, 물을 덜 쓰고, 짧은 거리는 걷거나 자전거를 타고……. 이미 많이들 알고 있는 것들을 실천할 때 대기오염도 줄일 수 있어요. 환경을 보호하기 위해 하는 일은 모두 서로 연관되어 있으니까요.

　그리고 꼭 명심할 것은 미세먼지 정보를 확인하고, 농도가 높은 날은 외출을 자제하세요. 만약 나갈 때는 황사마스크를 쓰고, 되도록 도로변으로 다니지 마세요. 차량 이동이 많아 먼지가 흩날리거나 직접 배출되는 가스 때문에 미세먼지가 순간적으로 높아질 수 있대요. 외출 후에는 흐르는 물에 얼굴과 손발을 씻고 물을 자주 마셔요. 실내에는 공기정화에 좋은 식물을 키워 보세요. 사소해 보일지라도 이런 작은 실천들이 여러분의 건강과 소중한 생명을 지켜 준답니다.

양혜원

지구를 살리는 어린이 07
오늘 미세먼지 매우 나쁨
초판 1쇄 발행 2016년 8월 1일 **초판 10쇄 발행** 2024년 4월 1일

글 양혜원 **그림** 소복이
펴낸이 최순영

교양 학습 팀장 김솔미
키즈 디자인 팀장 이수현 **디자인** 오세라

펴낸곳 ㈜위즈덤하우스 **출판등록** 2000년 5월 23일 제13-1071호
주소 서울특별시 마포구 양화로 19 합정오피스빌딩 17층
전화 02) 2179-5600
홈페이지 www.wisdomhouse.co.kr **전자우편** kids@wisdomhouse.co.kr

ⓒ양혜원, 2016
ISBN 978-89-6247-743-6 74530

- 이 책의 전부 또는 일부 내용을 재사용하려면 반드시 사전에 저작권자와 ㈜위즈덤하우스의 동의를 받아야 합니다.
- 인쇄·제작 및 유통상의 파본 도서는 구입하신 서점에서 바꿔드립니다.
- 책값은 뒤표지에 있습니다.
- 이 책의 사용 연령은 8~13세입니다.